Inhalt

Telekommunikation - Neue Geschäftsfelder gesucht

Kernthesen

Beitrag

Fallbeispiele

Weiterführende Literatur

Impressum

GENIOS WirtschaftsWissen Nr. 07/2010 vom 06.07.2010

Telekommunikation - Neue Geschäftsfelder gesucht

M. Westphal

Kernthesen

- Die bisherigen Leistungen der Telekommunikationsanbieter werden substituiert durch Kommunikation über Social Media-Sites sowie anderen attraktiven Kommunikationsapplikationen.
- Die Netze der Telekommunikationsanbieter sind zwar sehr gut ausgelastet bis überlastet, die Telekommunikationsanbieter verdienen an dieser Überlastung aber nicht, da sie aus der Nutzung der kostenfreien rivalisierenden neuen Applikationen herrührt.

- Telekommunikationsunternehmen stehen daher vor der Herausforderung, neue Erlösquellen zu erschließen.

Beitrag

Kommunikation findet nicht mehr nur über Sprachtelefonie und SMS statt

Umsätze mit Gesprächsminuten sinken deutlich, die mit SMS ebenso. Der daraus resultierende Preiskrieg der Anbieter in Verbindung mit von der EU verordneten Kostenobergrenzen bei Roamingpreisen und internationalen SMS verschlimmert die Erlösposition zusätzlich. Das Problem der deutschen Telekommunikationsunternehmen, die sich aufgrund der Attacken der Internetanbieter in die Enge getrieben fühlen ist, dass sie vielfach keine innovativen Produkte auf den Markt bringen, sondern nur ihre einmal erlangte Marktmacht zu verteidigen versuchen. Hier sind neue Strategien und Wege gefragt. Denn Nutzer von Telekommunikationsdienstleistungen kommunizieren in zunehmendem Maße über die Plattformen der sozialen Netzwerke. Innerhalb dieser Plattformen wie

Facebook oder Twitter weiß jeder, wer gerade Online ist und wo er sich befindet. Die Kommunikation ist im Gegensatz zu SMS in der Regel kostenfrei (zumindest dann, wenn der Nutzer eine Datenflatrate hat). Außerdem verschlingt die zunehmende Nutzung dieser Netzwerke und Applikationen wie Facebook oder YouTube und anderer trendiger Plattformen große Bandbreiten. (1), (4)

Überlastete Netze, aber keine zusätzlichen Einnahmen

Die Netze bewegen sich aufgrund der intensiven Nutzung der attraktiven SocialMedia-Dienste an ihrer Lastgrenze. Aufgrund der weit verbreiteten Datenflatrates beschert diese Attraktivität den Telekommunikationsunternehmen aber keine zusätzlichen Einnahmen. Die Kunden schimpfen lediglich über verstopfte Netze. Zusätzliche Einnahmen generieren nur die Anbieter der jeweiligen Plattformen, da ihre Beliebtheit für zusätzliche Werbeeinnahmen sorgt.
Alleine die inzwischen hundert Millionen Facebooknutzer kommunizieren ausgiebig per Messenger miteinander oder tauschen Bilder aus. Die Telekommunikationsunternehmen profitieren davon allerdings nicht. Gleichzeitig werden damit aber auch die von den Telekommunikationsfirmen angedachten

Sicherungsmaßnahmen ad absurdum geführt. Denn nicht die gesperrten Instant Messenger, Google Talk oder Skype werden genutzt, sondern eben rein webbasierte Plattformen wie Facebook und die kann man nicht ohne Weiteres blockieren.

Die Telekommunikationsunternehmen versuchen sich inzwischen mit verschiedensten Maßnahmen zu wehren, um dem Trend der Umgehung ihrer kostenpflichtigen Zusatzleistungen wie SMS entgegen zu wirken. Einerseits versuchen sie Konkurrenzgebote gezielt zu blocken, andererseits mittels verschachtelter Tarife, Zusatzbeiträge für verschiedene Dienste und Leistungsmerkmale oder Gerätebindungen ihre Einnahmequellen zu sichern. (1)

Wertschöpfungskette muss sich ändern

Das Ende der alten Geschäftsmodelle im Telekommunikationssektor ist aber wohl in Sicht. Denn nicht nur die Mobilfunker, sondern auch die Anbieter von Festnetzen sehen sich ähnlichen Tendenzen gegenüber. Der Trend der Nutzung alternativer Kommunikationsmedien wird auch als Entlinearisierung der Wertschöpfungskette bezeichnet. Früher kamen sämtliche

Telekommunikationsdienstleistungen wie Endgerät, Vertrag, SIM-Karte, Gesprächsgebühren, SMS und auch Zusatzdienste wie Anrufbeantworter aus einer Hand und wurden auch von dieser komplett berechnet. Heute bleibt dem Telekommunikationsdienstleister oft nur noch der Verkauf einer SIM-Karte in Verbindung mit einem Datenvertrag. Dieses passiert beispielsweise beim gerade in den Verkauf gelangten iPad von Apple.

Die Gerätehersteller folgen natürlich dem Trend zu sozialen Netzen. Nahezu alle bedeutenden Gerätehersteller integrieren mittlerweile Social-Media-Dienste in ihre Endgeräte. Auf Knopfdruck ist man dann automatisch auf einer Yahoo-Seite oder anderen relevanten Plattformen. Damit werden die Mobilfunker auch hier bereits vielfach umgangen. Erste Anbieter wie O2 in Deutschland oder 3i in Großbritannien erlauben inzwischen bereits uneingeschränkten Zugang zu Internet-Telefonie und Messengern. Nach nur drei Monaten konnte 3i damit bereits die milliardenste kostenlose Gesprächsminute über Skype verzeichnen. 3i greift damit gezielt die etablierten Anbieter an. In Deutschland hat T-Mobile dagegen im ersten Quartal etwa 440 000 Kunden verloren. (1)

Lobbyarbeit als ein Ausweg?

Wesentlicher Ansatzpunkt für neue Einnahmequellen ist der Versuch, die Netzneutralität zu kippen. Sie besagt, dass jede Internetnutzung des Kunden gleich zu behandeln ist. Sobald es diese Netzneutralität nicht mehr gäbe, wäre der Weg frei bei Handy-Kunden sowie bei den Anbietern der Dienste zu kassieren. Dabei wäre auch denkbar, gestaffelte Tarife einzuführen, die umso höher sind desto beliebter der Dienst ist. (1)

Vielfältige Chancen auf zusätzliche Einnahmen denkbar

Der Weg Zusatzgebühren für die Nutzung von Facebook, Twitter oder anderen Plattformen zu erheben, ist nicht mehr möglich. Die Kunden würden sich dagegen wehren, da ihre Flatrate ansonsten sehr eingeschränkt wird. Außerdem wäre ein Eingreifen der EU-Kommission zu befürchten. (1)

Telekommunikationsanbieter könnten aber an den Geschäften der Dienste-Anbieter mitverdienen, die vom Handy aus noch bezahlt werden müssen. Das Billing kann hier beispielsweise übernommen werden. Außerdem gibt es die Vision, dass das Handy irgendwann zur Kreditkarte wird. Die SIM-Karte bietet sich auch dazu an, Stromzähler auszulesen. Ticketing und Mobile Payment könnten weitere neue

Dienste für Telekommunikationsanbieter sein, um zusätzliches Geld zu verdienen. Vielfältige Möglichkeiten wäre hier also denkbar. (2)

Mobilfunkprovider sollten aber auch Optimieren, indem sie ihre Plattformen konsolidieren. Viele der Systeme, die die Verrechnung von Services und Sprachminuten übernehmen, sind schon an die 15 Jahre alt. Die aktuellen Standards können nur dann eingehalten werden, wenn auch diese Systeme erneuert werden. Das von der EU geforderte Eindämmen der Roamingkosten im Ausland (Meldung, wenn ein gewisser Schwellwert überschritten ist), verlangt nach einem genauen Monitoring des Datenverkehrs. Eine Modernisierung der Systeme könnte einen positiven Einfluss auf die Margen haben. Heute berechnen die Systeme bestimmte Leistungen nicht sachgemäß, womit Einnahmen verloren gehen. Die mit modernisierten Systemen möglichen Echtzeit-Informationen können auch ein Geschäftspotential für zukünftige Dienstleistungen darstellen. Dieses müsste dann nur noch genutzt werden. (3)

Für die Telekommunikationsunternehmen bietet sich auch im Bereich der Übermittlung des E-Briefs ein neues Geschäftsfeld an, der mittelfristig den normalen Brief ersetzen soll. Bis zum Jahre 2012/13 wird von einem Rückgang des Briefvolumens von gut

20 Prozent ausgegangen. Bis zum Jahr 2025 könnte sogar 65 Prozent des analogen Briefvolumens durch Internetbriefe substituiert werden. (6)

Zusammen mit dem Wissen über soziokulturelle Daten wie Alter, Geschlecht, Bonität und Reiseverhalten ließen sich darüber hinaus detaillierte Nutzerprofile erstellen. Zielgerichtete Dienstleistungen und Werbung wären möglich. Die Telekommunikationsunternehmen müssten ihre Daten nur entsprechend aufbereiten und die Leistung anbieten. Die Telekommunikationsunternehmen büßen hier aber von ihrem Vorsprung immer mehr ein und müssten daher schnell aktiv werden, um ihre Möglichkeiten zu Geld zu machen. Denn auch in Onlineshops werden bereits profilierte Kontakte zu Kunden hergestellt, die für Mehrwert-Dienste genutzt werden können. Der Vorsprung der Ortung von Kunden ist inzwischen schon eingeholt, da mittels in Handys integrierten GPS-Lösungen (möglichst noch in Verbindung mit einem integrierten Kompass) diese Informationen bereits anderen Playern zugänglich sind. Die Zeit drängt also! (4)

Trends

Gartner erwartet, dass im Jahre 2009 die Zahl der Mobile Payment-Nutzer auf weltweit 73 Millionen gestiegen ist. Das entspricht einem Wachstum von 70% gegenüber dem Vorjahr. Allerdings profitiert Europa und insbesondere Deutschland wenig von diesem Trend, denn bisher gibt es hier kein akzeptables Bezahlsystem für mobile Endgeräte. (2)Eine Studie von Capgemini erwartet, dass im Bereich des Mobile Payment jährlich mit Transaktionsgebühren in Höhe von 600 Millionen Euro zu rechnen ist. Das Problem liegt aber neben der Implementierung einer verlässlichen technischen Lösung auch darin, dass das Zusammenspiel von Mobilfunkanbietern, Banken, Kreditkartengesellschaften und Einzelhändlern noch orchestriert werden muss. Im Hinblick auf Vertrauen, Transparenz und Sicherheit mag es aus Imagegründen sogar sinnvoll erscheinen, Banken in den Lead für ein solches Gesamtkonzept zu installieren. (2)Die Unternehmensberatung Arthur D. Little schätzt, dass in Deutschland etwa sieben Prozent der Wirtschaftsleistung durch neue Geschäftsmodelle von Anbietern wie Apple, Google und Konsorten gefährdet sind. Eine Branche wie die Telekommunikation dürfte sogar noch ein deutlich stärkeres Absinken verzeichnen. Es wird mit 20% gerechnet. Zum großen Teil wird dieser Einbruch durch das Internet verursacht. Die Unternehmensberatung Booz&Company erwartet, dass in diesem Jahr in Westeuropa mehr Konsumenten mit mobilen Geräten ins Internet gehen als mit stationären. In vier Jahren würden etwa 90 % aller Verbindungen über das mobile Netz laufen. (4)

Fallbeispiele

Noch vor zehn Jahren galt die Deutsche Telekom als Hoffnungsträger der digitalen Zukunftswirtschaft. Da Kunden inzwischen aber Flatrates und Gratisgespräche via Skype bevorzugen, wird das Kerngeschäft der Deutschen Telekom stark erodiert. (4)

Das Herunterladen eines YouTube-Videos ist ungefähr so datenhungrig wie das Versenden von 500 000 SMS. Daher regt die Telefonica an, dass die Anbieter dieser Services auch für die Datenleistung bezahlen sollten. Diese sehen das natürlich anders, da die Telekommunikationskonzerne ja schon an ihren Kunden verdienen. Als Drohung baute Google in einzelnen US-Gebieten schon mal ein eigenes Highspeed-Festnetz selbst auf, wenn die Telekommunikationsunternehmen den Forderungen von Google nach einem Ausbau breitbandiger Datenverbindungen nicht nachkommen sollte. (4)

Die Deutsche Telekom hat einen Strategiewandel eingeläutet. Der Geschäftsfokus soll weggehen vom klassischen Geschäft mit Telefonanschlüssen und Handyverträgen, hin zu den fünf Wachstumsfeldern: mobiles Internet, vernetztes Zuhause, IT-Dienste auf Abruf für Geschäftskunden, Internetangebote und intelligente Netze. Diese neuen Fokusbereiche sollen im Jahre 2015 die Hälfte des Umsatzes ausmachen. Dafür plant die Telekom auch strategische Investitionen wie beispielsweise die gerüchteweise Übernahme des Online-Bezahldienstes Click&Buy. Innerhalb der Telekom wie auch beim Analysten Gartner sieht man in dieser neu angekündigten Strategie eher eine Weiterentwicklung des Bisherigen als eine neue Strategie. Bei den Internetdiensten will die Telekom anderen Unternehmen die Abrechnung von Kleinstbeträgen (Micropayment) über die Telefonrechnung anbieten wie auch Authentifizierungs- und Sicherheitsprogramme. (5)

Weiterführende Literatur

(1) Starren auf den falschen Feind
aus Handelsblatt Nr. 095 vom 19.05.2010 Seite 6

(2) Datenbeschleuniger für Banken
aus Die Bank, Heft 05/2010, S. 64-68

(3) Minimalinvestition
aus "Telekommunikationsreport" Nr. 04/10 vom

26.04.2010 Seite: 20

(4) Die Welt ist nicht genug
aus Manager Magazin, 19.03.2010, Nr. 4, Seite 30

(5) Telekom sucht Pfad zum Wachstum
aus Handelsblatt Nr. 054 vom 18.03.2010 Seite 22

(6) Postmarkt 2025: Das E-Mail frisst zwei von drei Briefen
aus Die Presse vom 2010-03-04, Seite: 16

Impressum

Telekommunikation - Neue Geschäftsfelder gesucht

Bibliografische Information der deutschen Nationalbibliothek

Die Deutsche Nationalbibliothek verzeichnet diese Publikation in der deutschen Nationalbibliografie; detaillierte bibliografische Daten sind im Internet über http://dnb.d-nb.de abrufbar.

ISBN: 978-3-7379-0366-0

© 2015 GBI-Genios Deutsche Wirtschaftsdatenbank GmbH, Freischützstraße 96, 81927 München, www.genios.de

Alle Rechte vorbehalten. Dieses Werk ist einschließlich aller seiner Teile – z.B. Texte, Tabellen und Grafiken - urheberrechtlich geschützt. Jede Verwertung außerhalb der Grenzen des Urheberrechtsgesetzes bedarf der vorherigen Zustimmung des Verlags. Dies gilt insbesondere auch für auszugsweise Nachdrucke, fotomechanische Vervielfältigungen (Fotokopie/Mikroskopie), Übersetzungen, Auswertungen durch Datenbanken oder ähnliche Einrichtungen und die Einspeicherung und Verarbeitung in elektronischen Systemen.